Eckhard Rahlenbeck

HEY, DA GEHT NOCH WAS

Musiktheaterprojekt für Erziehungshilfeschüler
Werkstattbericht

Eckhard Rahlenbeck

Musiktheaterprojekt für Erziehungshilfeschüler

HEY, DA GEHT NOCH WAS

Werkstattbericht

STIFTUNG PRÄVENTIVE JUGENDHILFE

Bibliografische Information der Deutschen Nationalbibliothek
Die Deutsche Nationalbibliothek verzeichnet diese Publikation in der Deutschen Nationalbibliografie; detaillierte bibliografische Daten sind im Internet über http://dnb.d-nb.de abrufbar.

Eckhard Rahlenbeck
Hey, da geht noch was
Musiktheaterprojekt für Erziehungshilfeschüler
Werkstattbericht

Herausgeber: Stiftung Präventive Jugendhilfe, Tübingen
www.praeventive-jugendhilfe.de

Berlin: Pro BUSINESS 2010

ISBN 978-3-86805-710-2

1. Auflage 2010

© 2010 by Pro BUSINESS GmbH
Schwedenstraße 14, 13357 Berlin
Alle Rechte vorbehalten.
Produktion und Herstellung: Pro BUSINESS GmbH
Gedruckt auf alterungsbeständigem Papier
Printed in Germany
www.book-on-demand.de

Umschlaggestaltung und Layout: ART OFFICE Martin Lang, Pliezhausen
Fotos: Ralf-Klein-Jung, Ellwangen

---

book-on-demand ... Die Chance für neue Autoren!
Besuchen Sie uns im Internet unter www.book-on-demand.de

INHALT

**Vorwort von I.K.H. Marie Herzogin von Württemberg,
Schirmherrin der Stiftung Präventive Jugendhilfe** 7

Werkstattbericht des Musiktheaterprojekts
- **Die Schüler** 10
- **Schule für Erziehungshilfe** 10
- **Entwicklung und Einstudierung** 13
  - Erster Kontakt – die Kennenlernrunde 13
  - Kein fertiges Stück übernehmen 13
  - Ideen entwickeln 15
  - Bausteine zum Rohkonzept 17
  - Lyrik als Rap 17
  - Artistische Elemente 18
  - Der Plot 19
  - Üben und loben 21
  - Singen – ein Problem? 23
  - Die Probenwoche beginnt 27
  - Pädagogische Präsenz gefordert 19
  - Wertschätzung in der Kleingruppe 31
  - Struktur aus Puzzleteilen 33
  - Eskalation am vierten Tag 33
  - Alles wieder offen 37
  - Die Aufführungen 39

Was bleibt? – Die Reaktionen der Schüler 43
Was aus Erfahrung gelernt wurde – eine Bestandsaufnahme 47
Das Musiktheaterstück „Hey, da geht noch was" 53
- Erste Szene: Auf dem Uhlandplatz 59
- Zweite Szene: In der Uhlandklause 64
- Dritte Szene: Verständigung der beiden Gruppen 72
- Vierte Szene: Training im Hinterhof 74
- Fünfte Szene: Der Clubabend 75

Das Leitungsteam
- Friedhilde Trüün 78
- Johannes Jacobsen 79

Vorwort

Um die richtige Tonart

Seit nahezu zwei Jahrzehnten fördert die Stiftung Präventive Jugendhilfe beispielhafte gemeinwesenorientierte Jugendhilfeangebote. Getreu unserem Stiftungszweck möchten wir vorbeugend gegen die Gefährdungen und Verwahrlosungen unserer Jugend wirken. Verwahrlosung, was heißt das in diesem Zusammenhang? Es bedeutet im wahren Wortsinn, nicht verwahrt zu sein, in einer Gesellschaft die fürsorgliche Bewahrung entbehren zu müssen. Die Folgen sind schmerzlich, wenn Jungen und Mädchen aus unterschiedlichen Gründen mehr und mehr an den Rand der Gesellschaft abdriften und sich in zwielichtigen Beziehungen wieder finden. Es ist der Geist ihrer jeweiligen sozialen Umgebung, der junge Menschen im Guten wie im Schlechten prägt. Zu einer förderlichen Entwicklung kann Musik viel beitragen. Ich denke besonders an chorisches Singen und Musizieren. Es geht ganz einfach um „das gemeinsame Tun", wenn man miteinander singt oder aktiv Musik macht. Dabei wird der oder die Einzelne immer zu einem wichtigen Teil eines harmonischen Ganzen. Harmonien sind in der Lage, gequälten Seelen zu helfen. Wer mit Freude in einer Gemeinschaft singt und musiziert, den trägt es nach den Worten von Hermann Hesse „zu einer Höhe und Kraft, deren er allein nicht fähig wäre".

Musik ist das große Thema in Hesses Glasperlenspiel. Und ein Abschnitt daraus fasziniert mich besonders: „In China der ‚Alten Könige' war der Musik im Staats- und Hofleben eine führende Rolle zuerteilt. Man identifizierte geradezu den Wohlstand der Musik mit dem der Kultur und Moral des Reiches, und die Musikmeister hatten streng über die Wahrung und Einhaltung der ‚alten Tonart' zu wachen. Verfiel die Musik, so war das ein sicheres Zeichen für den Niedergang der Regierung und des Staates. Und die Dichter erzählten furchtbare Märchen von den verbotenen, teuflischen und dem Himmel entfremdeten Tonarten, zum Beispiel der Tonart des Untergangs, bei dessen frevelhaftem Anstimmen im Königsschloss alsbald der Himmel sich verfinsterte, die Mauern erbebten und Fürst und Reich zu Fall kamen."

Auch uns geht es um die richtige Tonart. Die Stiftung Präventive Jugendhilfe nutzt das Mysterium der Musik. Durch Musizieren und Gesang wollen wir gerade die Kinder und Jugendlichen erreichen, die im Schatten unserer Gesellschaft leben und in schwierigen Verhältnissen aufwachsen. Ist es nicht wunderbar, wenn diese einmal selbst erfahren können, wie sie zu so einer „Höhe und Kraft getragen werden, zu der sie allein nicht fähig sind"? Aus diesem Grund hat die Stiftung in Kooperation mit der Landesakademie für die musizierende Jugend in Baden-Württemberg und der Tübinger Rudolf-Leski-Schule ein Musiktheaterprojekt für Erziehungshilfeschüler realisiert. Kein leichtes Unterfangen, wie wir schon von Sir Simon Rattle und seinem Projekt „Rhythm Is It" wissen. Passiver Musikkonsum mit Rock und Pop der Superstars überwiegt bei Kindern und Jugendlichen. Darum bedurfte es höchster Anstrengungen und erzieherischem Einfühlungsvermögen, bei ihnen aktives Musikmachen zu fördern, mit ihnen ein Ensemble zu bilden und schließlich das Stück „Hey, da geht noch was" erfolgreich auf die Bühne zu bringen. Wir danken Akademiedirektor Dr. Klaus Weigele von der Akademie in Ochsenhausen, der Gesangsbildnerin Friedhilde Trüün und dem Pädagogen Johannes Jacobsen für die großartige Unterstützung.

Mit dem Projekt „Hey, da geht noch was" haben wir bewiesen: Musizieren und Singen stärkt gerade gefährdete Jugendliche auf einmalige Weise. So kann Prävention eine der besten Investitionen in die Zukunft sein – eine Prävention gegen eine „musikalische Versteppung", vor der Altbundespräsident Johannes Rau eindringlich warnte. „Wenn hier gespart wird", so der Bundespräsident, "gefährden wir die Zukunftsfähigkeit Deutschlands". Das Musiktheaterprojekt hat weitere Fortsetzungen verdient. Sie können dabei mithelfen. Wir sind auf private Zuwendungen angewiesen, und nur mit Ihren Spenden können wir solche Projekte verwirklichen und die Herzen benachteiligter Kinder durch Musik berühren.

I.K.H. Marie Herzogin von Württemberg
Schirmherrin der Stiftung Präventive Jugendhilfe

Werkstattbericht des Musiktheaterprojekts

Die Schüler

Die Darsteller sind 16 Schüler und zwei Schülerinnen der Rudolf-Leski-Schule für Erziehungshilfe aus dem Tübinger Stadtteil Pfrondorf. Schulträger der Rudolf-Leski-Schule ist die evangelische Sophienpflege e.V., Träger unterschiedlicher Einrichtungen für Jugendhilfe. Der Schultyp Schule für Erziehungshilfe hat einen sonderpädagogischen Förderbedarf zu befriedigen. Dabei steht die individuelle Lebenssituation der Schülerinnen und Schüler im Mittelpunkt. Lehrerinnen und Lehrer nehmen in aller Regel eine ganze Reihe von erzieherischen Problemen bei ihren Anvertrauten wahr. Sie betreffen die Störung der Motivation, unangemessene soziale Verhaltensweisen, ungesteuerte Affekte und Handlungen, Störungen der Kommunikation durch regressive Verhaltensmuster, Wahrnehmungs- und Bewegungsbeeinträchtigungen, Hypermotorik sowie Konzentrationsstörungen.

„Um Weiterentwicklung zu ermöglichen, bedarf es des Verstehens, der Ermutigung, der Geduld und des Beharrungsvermögens."

Schule für Erziehungshilfe

Bei einem Großteil der Schülerinnen und Schüler muss von traumatischen Vorerlebnissen oder gravierenden Entwicklungsproblemen ausgegangen werden. Dieser Schultyp einer Schule für Erziehungshilfe sieht gemäß seines Erziehungs- und Bildungsauftrags im Bundesland Baden-Württemberg vielfältige Förderangebote vor. Sinn dieser Angebote soll „die Gestaltung von Phantasien und Emotionen, elementare psychosoziale Grunderfahrungen und lebenspraktisches Handeln" sein. In den Fächern Sport, Musik und Bildende Kunst wird der Schule ein breiter Gestaltungsspielraum eingeräumt. Der sieht unter anderem Theatergruppen vor, in denen „Lehrerinnen und Lehrer, Schülerinnen und Schüler, gemeinsam und jeder auf seine Weise erleben, wie die Spannung zwischen zündender Idee und ihrer Verwirklichung gelöst wird".

Insofern liest sich der Bildungsplan wie eine Einladung zu dem von der Stiftung Präventive Jugendhilfe geförderten Musiktheaterprojekt. Jedoch verschweigt der Bildungsplan nicht die extremen Herausforderungen, die Pädagogen bei solchen Vorhaben zu bestehen haben. Nicht selten, so heißt es, sähen sich die Lehrkräfte aggressivem Verhalten ausgesetzt. Hier wird nichts beschönigt. Die Schülerinnen und Schüler stießen bei derartigen Projekten auch „an die Grenzen ihrer Kenntnisse, Fähigkeiten und Fertigkeiten. Um Weiterentwicklung zu ermöglichen, bedarf es des Verstehens, der Ermutigung, der Geduld und des Beharrungsvermögens".

Entwicklung und Einstudierung

Erster Kontakt – die Kennenlernrunde

Fünf Monate vor dem Aufführungstermin kommen alle Akteure das erste Mal zusammen. An einem Montagmorgen gehen Friedhilde Trüün, Dozentin im Bereich der Kinderstimmbildung und Kinderchorleitung, und der Pädagoge Johannes Jacobsen in die drei von der Schulleitung vorgesehenen Klassen und stellen sich vor. Um ins Gespräch zu kommen, wird ein Halbkreis gebildet. Beide fragen die Schülerinnen und Schüler zunächst nach ihren Befindlichkeiten. Die Eingangsfrage lautet: Wie ist es dir am Wochenende ergangen? Dann fordern sie die Klassen auf, positive Eigenschaften einzelner anwesender Mitschüler zu benennen. Was gefällt dir an ihm? Oder, was gefällt dir an ihr? Welche Fähigkeiten hat dieser oder jene? Alle Schüler wollen gleich mitmachen, Zurückhaltung ist nicht zu spüren. Über G. heißt es, sein Lachen stecke an. Über K., er sei hilfsbereit. D. sei ein guter Rapper und K. ein artistischer Breakdancer. Die jugendlichen Teilnehmer überrascht diese Art der Vorstellungsrunde positiv, weil sie im Gespräch in die Situation versetzt werden, sich gegenseitig wert zu schätzen und das auch in Anwesenheit der Betroffenen öffentlich zu sagen. Von Mitschülern gelobt werden, gestützt und gestärkt werden, das hat eine zentrale Wirkung. Daraufhin geben Trüün und Jacobsen aus ihrer Sicht Einschätzungen ab. Sie versuchen, den Schülern spielerisch und ganz unverbindlich bestimmte Rollen im geplanten Stück anzubieten, nach dem Motto: Ich meine, du wärest die richtige Besetzung, die auf der Bühne diesen Typ oder jene Rolle sehr gut darstellen kann. Die erste Kontakt- und Kennenlernrunde wird als witzig und abwechslungsreich aufgenommen. Sie dauert jeweils eine dreiviertel Stunde pro Klasse.

Kein fertiges Stück übernehmen

Das ursprüngliche Konzept von Trüün und Jacobsen sieht vor, ein schon fertiges Musiktheaterstück einstudieren zu lassen. Dieses mit dem Titel „Geisterstunde auf Schloss Eulenstein" war bereits von Jacobsen in Reutlingen und zusammen mit Friedhilde Trüün in Bonn auf die Bühne gebracht worden. In Bonn entstand die Inszenierung innerhalb einer Woche – vom allerersten Kennenlernen bis zur Aufführung vor Publikum. „Diese Art der schnellen Einstudierung mit Schülern haben wir Ruck-zuck-Theater getauft", erklärt Jacobsen. „Das war im wahrsten Sinne ein Kaltstart. Wir kannten die Schüler vorher nicht. Nur das Stück und die Noten hatten wir im Koffer. Alles war sehr einfach strukturiert, so dass jede Type leicht doppelt, dreifach, vierfach zu besetzen war. So machen wir aus einem Räuber locker eine Räuberbande, aus einem Burgfräulein einen Hofstaat."

Schnell wird klar, das Projekt von Bonn mit 25 Jungen und Mädchen der Altersklasse sieben bis zwölf Jahre ist auf Tübingen nicht übertragbar. Hier sind die Schüler älter, in einer pädagogisch herausfordernden Altersspanne zwischen zwölf und fünfzehn Jahren. Keine richtigen Kinder mehr und auch noch nicht ganz Jugendliche. Dazu noch Schüler einer Erziehungshilfeschule. Jeder Junge und jedes Mädchen auffällig in Biografie und Persönlichkeit, oft mit gravierenden Entwicklungsproblemen belastet.

„Den Zahn mussten wir uns schnell ziehen", sagt Jacobsen. „Mit einem fertigen Stück war in Tübingen nichts zu machen." In der Altersgruppe blitzt das Geisterstunde-Stück als zu kindisch ab. Das Echo bleibt verhalten. Die Begeisterung hält sich in Grenzen, zumal das Musiktheater-Vorhaben die Terminplanung der Tübinger Schule durchkreuzt. Ein Aufenthalt im Schullandheim stand schon längst auf dem Kalender. Der muss nun abgesagt werden. Und nun stattdessen jetzt eine Bühnenshow? Einige sind gleich begeistert, auf der Bühne stehen zu können. Andere weniger. Auch die vorübergehend erwogene Vorstellung, das Stück für eine jüngere, kindliche Zielgruppe einzustudieren, finden die Schüler gar nicht reizvoll. Jacobsen kann das verstehen: „Man ist in dieser

Altersspanne selber der Kindrolle noch nicht ganz entwachsen und noch nicht richtig unter den Jugendlichen angekommen."

Ideen entwickeln
Und dann treibt Jacobsen das Projekt voran. In einem Zeitraum von zwei Monaten besucht er wöchentlich die Schule. In den Rückmeldungen einzelner Schüler werden die ersten Sitzungen wie ein Türöffner empfunden. Sie zeigen sich beeindruckt, dass Jacobsen es schon nach wenigen Begegnungen versteht, sie immer mit Namen anzusprechen, dass er sich an die Gespräche und Meinungsäußerungen erinnert und daran anknüpft. „Das hat einen Rieseneindruck gemacht", bestätigt Lehrerin Annette. Jacobsen bestärkt die Schüler, in Kleingruppen eigene szenische Ideen weiter zu entwickeln oder eigene Fähigkeiten als Bestandteil der Show einzubringen. Es ist wie beim Casting. Schüler zeigen ihre Qualitäten oder das, was sie dafür halten. Das heißt, mehr oder weniger genaue, oft überzogene Ich-Vorstellungen des eigenen Talents müssen in eine Form gebracht, Schritt für Schritt von der zündenden Idee der bühnenreifen Wirklichkeit angenähert werden. Das ist so gar nicht der Glamour, den manche sich auf die Schnelle erhofft haben. Das Gegenteil ist der Fall. Gefordert werden Geduld und Beharrungsvermögen. Es bedeutet harte Arbeit für Erziehungshilfeschüler, sei es, dass Raptexte als rhythmischer Sprechgesang in den Computer zu tippen, Dialoge zu gestalten oder synchrone Bewegungen einzustudieren sind. Das bedeutet auch, einmal Entworfenes wieder zu verwerfen, Vorstellungen, die sich als nicht umsetzbar erweisen, aufzugeben und kreativ weder von Neuem anzufangen.

„In Einzelgesprächen, Kleingruppen oder im Klassenverbund nehme ich etwas von den Schülern auf, baue es in ein Konzept ein und gebe es zurück."

Unterstützung durch die Lehrer ist nötig. Die Schüler erfahren: Kein Star fällt vom Himmel. Bis zu dem Auftritt auf der Bühne, heißt es dranbleiben, nur nicht aufgeben. Keine Szene klappt beim ersten Mal. Da muss man zwei, drei Mal, immer und immer wieder Anlauf nehmen. Aufmerksamkeit und Beharrlichkeit, Ausdauer und Kondition sind gefordert – Tugenden, von denen der Alltag jeder Schule bestimmt wird. Jacobsen lässt sich in Einzelsitzungen bestimmte Sequenzen vorführen. Er schaut, was entwickelt wurde, nimmt Ideen auf und spiegelt sie zurück: „Das war so ein Dialogprinzip. In Einzelgesprächen, Kleingruppen oder im Klassenverbund nehme ich etwas von den Schülern auf, baue es in ein Konzept ein und gebe es zurück."

Überschätzt und enttäuscht
Die Schüler wollen und können nicht sich selbst überlassen sein. Projektleitung und Lehrer sind permanent gefordert. Klare Anweisungen, Ziele in erreichbaren Schritten zu portionieren, das hilft, den Prozess weiter zu treiben. Einige meinen selbstbewusst, alles zu können, und erklären Proben für überflüssig. Immer wieder gibt es Selbstüberschätzungen. Andererseits auch Enttäuschungen. Allzu leicht hängen die Schüler stimmungsmäßig durch. Das geht bis zur Selbstaufgabe, wenn sich einer auf den Bühnenboden wirft und schreit: „Ich bin doch nix, nur ein Erziehungshilfeschüler.

> *„Das Nörgeln will ja auch gekonnt sein.*
> *Also machten wir daraus die drei Schwaben."*

Deswegen kann ich das nicht machen." Die pädagogischen Betreuer wissen, dass dieses Verhalten nicht untypisch ist. Viele Schüler leiden unter einer ständigen Überforderung. Sie sind in ihrer Entwicklung nicht so weit, das zu leisten, was die Umwelt von ihnen verlangt.

Bausteine zum Rohkonzept
Nach und nach entstehen Puzzlestücke, die ineinandergefügt ein Rohkonzept des Musiktheaters erkennen lassen. Schwierig wird es bei den Schülern, die weder Lust noch Ansätze für irgendein Bühnentalent zeigen. Ihre Reaktion ist heftige Kritik. An allem wird herumgenörgelt. Den Schülern, die sich so mit ihrer Ablehnung des Projekts hervortaten, schlagen Jacobsen und die Lehrer kurzerhand vor, ihre Entrüstung in der Rolle als typische Nörgler auf die Bühne zu bringen. „Wir haben ihr Verhalten einfach umgemünzt in eine verwertbare Bühnenqualität", berichtet Lehrer Axel. „Das Nörgeln will ja auch gekonnt sein. Also machten wir daraus die drei Schwaben." Es bedarf keiner großen Überredung, sie zu einer Wirtshausszene zu animieren, in der Stammtischbrüder als typische schwäbische Bruddler oder Grantler über Gott und die Welt herziehen. Dabei geben sie eigentlich wieder, was sie selbst in ihrer Lebenswirklichkeit an Abwertungen erfahren. Die Szenen, die sie zusammen stellen, spiegeln die Umgebung, in der sie aufwachsen.

Lyrik als Rap
Andere Schüler finden sich als Breakdancer oder Rapper zusammen. Die Rappergruppe wartet mit einer echten Überraschung auf. Sie dichtet keine eigenen Texte, sondern nimmt Anleihen aus der klassischen Poesie. Die Rapper verwenden das gerade im Unterricht durchgenommene Gedicht „Frühlingsglaube" von Ludwig Uhland. Die Entdeckung ist, wie gut Rap und deutsche Klassik miteinander verschmelzen.

„Und dann dieses Phänomen, klassische Gedichten vom Ludwig Uhland im schnellen Stakkato vorzutragen. Das hat sich als Dreh- und Angelpunkt des Stücks gezeigt. Klassische Poesie von Ludwig Uhland als Rap modern aufbereitet, das war der Clou der Show."

Gesangsbildnerin Friedhi Trüün trainiert mit den Rappern den schnellen Sprechrhythmus, was der Szene Schliff und Form gibt. So kontrastiert das romantische Naturempfinden mit dem Milieu der Discos und den modernen Medien.

Artistische Elemente
Einige üben artistische Momente ein, wollen akrobatische Spielzüge im Basketball beziehungsweise im Streetball zeigen. Wieder andere versuchen sich am Breakdance. Hier sind sie weitgehend auf sich gestellt. Wenig professionelle Hilfestellung kann das Leitungsteam den Breakdancern vermitteln. Hier hätte möglicherweise ein Fachtrainer die Gruppe anleiten und die aufkeimenden Rivalitäten unter den drei Schülern bremsen können. Es erweist sich als wesentlich, die Phantasie – gelegentlich auch die überzogenen Vorstellungen – der Jugendlichen in eine Struktur, eine richtige Dosierung zu bringen und mit einer gewissen Ausdauer zu trainieren. Das ist eine Herausforderung, denn die Schüler neigen dazu auszubrechen, Begonnenes umzuschmeißen und ständig neue Abläufe ihrer Darbietungen zu fordern.

„Wir haben bei den Proben festgestellt, wenn wir im Plenum arbeiten, geht das nur eine begrenzte Zeit. Die Konzentrationsfähigkeit, dieses Zuhören, sich in den Vordergrund zu spielen, die ganzen Ablenkungsmechanismen, die da unter den Schülern laufen, die rauben viel Kraft. Das ist auch für alle Beteiligten eher schwierig."

Die Proben sind praktische Übungen in Geduld und Beharrungsvermögen. Projektleiter und Lehrer müssen die Unstetigkeit der Schüler, das einmal Erreichte von einer Sitzung auf die andere in Frage zu stellen, überwinden. Das unstete Vor und Zurück in der Entwicklung der Szenen und Streitereien um die Besetzung ziehen sich durch die gesamte Probenzeit. Voller pädagogischer Einsatz ist gefordert. Was die gesprochenen Texte betrifft, bleibt den Schülern viel Freiheit. Wer das Ergebnis insgesamt anschaut, bemerkt die Liebe im Detail. Zum Beispiel in der Stammtischszene, in der ein Stammtischbruder oder der Wirt und sein Kellner plötzlich selbst zu Stars werden. Da fängt die Kreativität an, dass die Teilnehmer die eine oder andere Sequenz entwerfen, die alle zum Lachen bringt.

Der Plot
Ein fertiges Skript wurde nicht vorgegeben. Der Titel des Stücks „Hey, da geht noch was" ist noch kein Programm. Vielmehr ein gängiger Spruch aus der Jugendszene, um sich gegenseitig Mut zu machen und aufzumuntern. Die einzelnen szenischen Bausteine, die mosaikartig das Ganze zu einem Stück machen, stammen von den Jugendlichen selbst. Die Handlung, in der dramaturgischen Fachsprache Plot genannt, erwächst aus den Auseinandersetzungen zwischen rivalisierenden Jugendgruppen, was auf der Bühne längst ein klassisches Motiv ist – beispielsweise in Romeo und Julia und Westside Story. Der Plot bleibt aktuell. Auch halten sich Jugendgangs in den Schlagzeilen der Medien. Das Musiktheater „Hey, da geht noch was" zeigt den Weg, wie aus handgreiflichen Rivalitäten ein konstruktives Miteinander erwächst. Wie es gelingt, jenseits der Konfrontation den Wert der Gemeinsamkeit zu erkennen und zu lieben. Eine Metapher, die durchaus auf den Schulalltag übertragbar ist, in dem ja zwischen den Schulklassen und in den Klassen selbst Gruppenbindungen herrschen und Konflikte zwischen den Cliquen entstehen.

Im Zentrum des Stückes stehen zwei rivalisierende Jugendgruppen, welche miteinander um die Gebietshoheit ihres Viertels wetteifern. Einflüsse von außen – ein amerikanischer Agent sucht mit einem deutschen Kollegen Stars für eine neue Bühnenshow – führen zu einem Gemeinschaftserlebnis, aus dem heraus Teamgeist entsteht. In einer Mischung aus Rap, Breakdance, Gesang und Theater entwickelt sich ein Schlagabtausch. Beides, die Handlung des Stücks wie der pädagogische Prozess des Einstudierens einer Bühnenshow laufen parallel. Sie verbreiten die gleiche Botschaft: Gruppengrenzen überwinden, um miteinander ein höheres Ziel zu erreichen und am Ende dafür belohnt zu werden. Das bestätigt sich für die Schülerdarsteller, als sie am Schluss Applaus und Anerkennung für das gemeinsam erbrachte Bühnenereignis entgegen nehmen.

Herantasten an Musik
Nach acht Treffen ist das Stück in groben Zügen fertig. Im Grundgerüst sind vier artistische Elemente: Breakdance, Rappen, Stomp und Jonglage. Die Schüler und Lehrer erhalten einen Szenenplan. Soweit ist die Handlung skizziert. Aber das ist ja nicht alles. Es fehlt die Musik, die Friedhi Trüün verantwortlich vermittelt. Anfang Mai finden erste Gesangsübungen statt. Unter ihrer Leitung machen sich die Schüler in zwei Gruppen mit Rhythmusinstrumenten vertraut. Dazu gehören Rumba-Rasseln und Cajóns. Das sind so genannte Kistentrommeln, auf die man sitzend mit den Händen den Takt schlagen kann. Trüün improvisiert dazu die Begleitung auf dem Keyboard. So verleihen die Schüler dem Stück Melodien und Stimmen. Doch wie weckt man unter jungen Zeitgenossen einer gesangsarmen Massenkultur die Lust zum aktiven Singen? Zur Einstimmung beziehungsweise zum Ansingen hatte sich Friedhi Trüün einen Rap und ein Lied überlegt. Den Song YMCA, Hit der Rockformation Village People aus den siebziger Jahren, nimmt sie als Leitmelodie und übt mit den Schülern zunächst einen eingedeutschten Refrain ein: „Da geht noch was. Macht alle mit und singt: Da geht noch was. Jeder gibt, was er kann mit Musik und Gesang." Weitere Lieder hat sie im Repertoire. Alles das hätte ins Konzept gepasst, aber die Jugendlichen sind zu mehr nicht bereit.

*„Ich glaube, wir haben die Phantasie
auf den Boden der Wirklichkeit geholt."*

Die erste Begegnung in Sachen Musik und Gesang ist immer ein vorsichtiges Herantasten. Friedhi Trüün weiß das aus beruflicher Erfahrung, wie sie sich auf Gruppenprozesse einzustellen hat: „Man muss in der Kennenlernphase immer aufpassen, wer in der Gruppe dominierend ist. Ich merke natürlich sofort, wer der Leithammel ist. Wenn der Leithammel sagt: Das ist cool. Dann sagen die anderen das auch." Die erste Runde läuft ganz gut. Trüün nimmt ein positives Gefühl mit: „Ich habe die Jugendlichen gesehen und ihnen gleich vermittelt: Das kriegen wir hin. Ich habe richtig Lust drauf, mit euch das Projekt zu machen."

Die Gesangsbildnerin spürt aber auch, dass die Aufmerksamkeit bei den Schülern nicht lange anhält. Höchstens eine Viertelstunde bis zwanzig Minuten lässt sich mit ihnen üben, mehr geht nicht. Abwechslung ist Trumpf. Immer wieder wird Neues verlangt. Die Schüler mögen keine Probenarbeit. Erlerntes zu verbessern, darin erkennen sie keinen Sinn. Das ödet sie an. Die Reaktion ist häufig: „Warum müssen wir noch üben? Wir können das alles schon." Die Schüler sind zunächst nicht in der Lage, ihre Bühnenleistungen kritisch zu reflektieren. Zum ersten Mal in ihrem Leben wird ihnen abverlangt, öffentlich als Protagonisten vor großem Publikum zu stehen. Das sprengt die Intimität des Klassenraums. Es gibt kein Zurück, keine Ausflüchte und Rückzugsorte. Nur die Alternative zwischen Scheitern oder Schaffen, zwischen Kapitulation oder Bewältigung.

Üben und loben
Während der Einstudierung des Stückes lernen die Jugendlichen prozesshaftes Vorgehen. In der mühevollen Probenzeit wird ihnen

bewusst, wie wichtig fortwährendes, zielgerichtetes Wiederholen ist. Die Botschaft lautet: Üben, üben, üben, dann erst kann der Spaß aufkommen. „In der Phantasie wollen sie ja der tolle Typ oder die tolle Frau sein", so Jacobsen. „Diese Träume sind schön. Wir zeigen, was es heißt, mit Können, Engagement und Ausdauer aus Schein Sein werden zu lassen."

„Wir zeigen, was es heißt, mit Können, Engagement und Ausdauer aus Schein Sein werden zu lassen."

Völlig entgegengesetzte Reaktionen erntet Gesangsbildnerin Trüün, wenn sie versucht, Anerkennung auszusprechen: „Wenn ich einen Zwölfjährigen gelobt habe, freute er sich und lachte. Aber die Vierzehn- oder Fünfzehnjährigen fanden Lob superpeinlich." Folglich wendet sich die Pädagogin nicht mehr an Einzelne, sondern an die gesamte Gruppe, sollten gute Leistungen gewürdigt werden. Von besonderer Problematik ist das Verhältnis der Schüler zum Singen. Friedhi Trüün entdeckt unter ihnen begabte Stimmen. Aber die Ausnahme bleibt, solistisch singen zu wollen.

Singen – ein Problem?
Wenn es auch nicht deutlich von den Kindern und Jugendlichen ausgedrückt wird, so spürt man das Verlangen, sich gesanglich auszudrücken. Ein anthropologisches Grundbedürfnis, das Pädagogen freizulegen und zu wecken haben. Natürlich sind Jugendliche allgemein sehr auf Popmusik ausgerichtet. Umgebung und Medienkonsum bleiben da nicht ohne Wirkung. Und es ist immer noch die Ausnahme, in frühen Jahren mit klassischer Musik persönlich in Berührung zu kommen. Wenn Trüün in ihren Kursen klassische Gesangliteratur vorstellt und den Versuch macht, diese singen zu lassen, reagieren die Schüler begeistert. Sie zeigen sich bass erstaunt und werden emotional berührt. Sie begeistern sich an

einem neuen persönlichen Stimmerlebnis, das – gerade bei den Mädchen und Frauen – die hohen Lagen betont und zum Strahlen bringt. Gesangsstimmen werden so in ihrer vollen Vielfalt entdeckt. Popmusik verharrt dagegen generell in den Mittellagen, lädt Mädchen nicht dazu ein, ihre schönen hohen Stimmen zur Geltung zu bringen.

Bei den Jungen wird der Stimmbruch häufig zum willkommenen Anlass genommen, sich vom Singen gänzlich zu verabschieden. Fachleute vermeiden den Begriff Stimmbruch, weil es organisch gesehen vielmehr ein Stimmwechsel ist. Trüün betont: „Den Stimmwechsel empfinden viele Jungen als Problem. Er ist begleitet von Unsicherheit und Unwissenheit. Oft sind Eltern und Pädagogen überfordert, auf diese stimmliche Veränderung einzugehen. Junge Männer haken daraufhin eigenes Singen in ihrem Lebenslauf regelrecht ab. Was bleibt ist die Erinnerung daran: Damals, als ich noch ein Kind war, da habe ich gesungen. Jetzt bin ich nicht mehr Kind, jetzt singe ich nicht mehr."

„Musik und Gesang sind unverzichtbare Lebensmittel.
Da muss man sich kennen und bei sich selber ankommen.
Das ist eine ganz wichtige Voraussetzung."
Lehrer Hansjörg

Lebensstile und Mehrheitsmilieus tun ein Übriges, dem Singen sozusagen einen Platz in einer kulturellen Abstellkammer zuzuweisen. Bis auf die breite organisierte Chorbewegung kommt aktives Singen kaum mehr an unseren Alltagen und Sonntagen vor. Es gehört landläufig gerade noch in den Kindergarten. Leider ist auch hier eine Tendenz des Verschwindens der singenden Stimme zu beobachten. In vielen Gesellschaftsschichten wird es verdrängt. Was vom Gesang übrig bleibt sind Songs, welche beliebig wie beiläufig über massenmediale Technik ans Ohr gelangen. Doch immer stärker wird uns bewusst, welche Stärkung von der eigenen, persönlichen Gesangsstimme ausgeht. Menschen anderer Nationen und Kontinente bekennen und erleben durch den Gesang aktive Gemeinschaft. Ihre Lieder verleihen den Höhen und Tiefen des Lebens kraftvoll Ausdruck. Serbische Trauergesänge, der Belcanto auf der italienischen Piazza, die venezianische Mehrchörigkeit oder irische Folksongs sind Wesensbestandteile sozialer und vitaler Identitäten. Viele begreifen es heute und bedauern, dass mit dem Verlust des Singens ein ganz wesentliches Stück gelebter Kultur aufgegeben worden ist. Wenn die Lieder verstummen, erstickt auch die Seele.

„Singen in diesem Alter ist schwierig, aber bei Songs mit Emotionen machen die Kinder schon mit."
Friedhilde Trüün

Trüün unterrichtet nach dem Motto: Sowohl Pop als auch Klassik. Am Beispiel der Sängerin Shakira demonstriert sie, wie Kassik und Pop harmonieren: „Shakira singt in der Kopf- und in der Bruststimmlage ganz wunderbar, also sowohl in der hohen Lage als auch in der Mittellage." Wenn Trüün in ihren Kursen vorsingt, vermeidet sie einen opernhaften Auftritt und Gestus. Sie passt sich dem Klangstil der Jugendlichen an. Im Musiktheaterprojekt der Rudolf-Leski-Schule hat klassische Musik so gut wie keine Chance. Dazu waren die Schüler schon zu alt. Nur Schüler einer sechsten Klasse hatten Erfahrung aus einer spielerischen Aufführung der „Zauberflöte". Trüün teilt die Meinung, Jungen und Mädchen möglichst früh mit klassischer Musik in Berührung zu bringen. Dann besteht die begründete Chance, davon im positiven Sinne angesteckt zu werden. Im zeitlich knapp bemessenen Projekt der Erziehungshilfeschule aus Tübingen musste Musik gleich ins Ohr gehen, irgendwie ankommen. Die Protagonisten mussten Lust bekommen mitzumachen.

Die Probenwoche beginnt
An einem Montag im Juni beginnt die sechstägige Probenwoche. 18 Schülerinnen und Schüler fahren ins oberschwäbische Ochsenhausen. Sie werden begleitet von drei Klassenlehrern und einem Fachlehrer, assistiert von zwei fortgeschrittenen Studierenden für Jugend- und Heimerziehung. In fünf Tagen wollen sie im barokken Ambiente der Landesakademie für die musizierende Jugend Baden-Württemberg ihr Stück fertig einstudieren und erstmals vor Publikum im Bräuhaussaal der Akademie auf die Bühne bringen. Eine zweite Aufführung ist im Tübinger Kulturzentrum Sudhaus vorgesehen. In Ochsenhausen übt und wohnt die Gruppe im früheren Konventgebäudes der ehemaligen Benediktiner Reichsabtei. Die schlossähnliche Anlage der Landesakademie imponiert den Schülern. Blattgold und Stuck, Fresken und Statuen, die ausladenden Dimensionen der Räume, Flure und Gärten zeigen ihre Wirkung. Man fühlt sich wie im Hotel. Die Küche hat hohes Niveau. Am zweiten Tag bedanken sich die Schüler spontan für das schmackhafte Essen beim Kochpersonal. Auf dem mittäglichen Speiseplan stehen heute Brätknödelsuppe mit Backerbsen als Vorspeise, Spätzle-Auflauf mit Käsekruste und Blattsalat als Hauptgang sowie Kiwikrone auf Apfelscheibe mit Preißelbeersahne zum Nachtisch. Für Hannes Jacobsen ist die Landesakademie Ochsenhausen wie ein Treibhaus für die Probenwoche: „Die jungen menschlichen Seelen brauchen dieses Versorgt- und Umsorgtsein. Ich denke, diese Umgebung empfinden gerade die Schüler mit sonderpädagogischem Förderbedarf als sehr wertschätzend."

„Wir haben die Welt der Kinder aufgenommen und daraus ein Stück gemacht."

Am Montagnachmittag beginnt die Probenarbeit. Die Aufgabe lautet, dass sich die Kleingruppen einen Namen zulegen und eine szenische Selbstdarstellung ihres ersten Auftritts im Stück ausdenken. So wollen die Rapper fortan als „Red Rappers" und die Breakdancer als „Black Breakers" auf die Bühne treten. Zwei Mädchen formieren sich als Tanzformation „Kick Girls". Die Basketballer wollen schlicht Basketballer bleiben. Und die Schüler, die nach dem Vorbild der bekannten Formation Stomp Mülltonnen und Straßenbesen als Schlag- und Perkussionsinstrumente einsetzen, sehen sich auch als Stomper und nicht anders. Jeder Gruppe ist ein Betreuer zugeteilt.

„Mir hat es richtig Spaß gemacht.
Ich habe mich wohl gefühlt.
Ich fand das Ganze viel angenehmer als in der Schule."
Lehrerin Rose

Die Schüler schnuppern von Anfang an Bühnenluft. Die zur Premiere vorgesehene und bühnentechnisch voll ausgestatte Bühne der Akademie ist meistens auch ihr Probenraum. Auch Bühnenbild und Bühnenausstattung entstehen hier im Workshop. Alle Bestandteile sind bewusst einfach gehalten. Wesentlich sind eine zentrale Spielfläche, ein dunkel abgehängter Bühnenraum und an der Rückfront eine Leinwand, auf die szenenbezogene Motive über einen Beamer projiziert werden. Dazu Stühle, Bierbänke und Biertische, teilweise mit Stoff verhängt. Hölzerne mannshohe Säulen dienen als bewegliche Elemente.

Der erste Abend wird spielerisch begangen. Karaoke steht auf dem Programm, zu bekannten Melodien vom Band die Gesangsstimme hinzu zu setzen. Das brechen für einen Moment die Hemmschwellen weg. Keiner weigert sich, vielmehr drängen alle darauf, einen Song vorzutragen. Die Stimmung ist vielversprechend gut.

Pädagogische Präsenz gefordert
Am Dienstag wird weiter geübt. Ein fester Probenplan hätte jetzt keine Chance, umgesetzt zu werden. Dazu ist die Gruppe viel zu dynamisch. Die Stimmungsschwankungen sind in der Lage, umgehend positive wie negative Kräfte freizusetzen. Das macht vorherige Terminplanungen zunichte. Lehrer Axel notiert in sein Projekttagebuch: „Pünktliches Erscheinen wird nicht richtig ernst genommen. Erste Präsentationen und Zusammenfügen von Einzelelementen gestalten sich schwierig."

Ständige Aufmerksamkeit wird von den Betreuerinnen und Betreuern gefordert. Lehrer Hansjörg: „Wenn wir in unserer Präsenz nachließen, liefen wir sofort Gefahr, dass das Projekt auseinander ging." Neben den drei Klassenlehrern bringt sich Hansjörg dort ein, wo er gerade gebraucht wird. Was bleibt zu tun? Die Auftritte der Protagonisten können, müssen besser werden. Die szenischen Versatzstücke sind dramaturgisch zu vernetzen, in einen durchgängigen Handlungsstrang zu bringen. Das findet bei den Schülern nicht ungeteilte Zustimmung. Im Plenum machen einige Meinungsführer ihrem Unmut Luft. Es sind Reaktionen, die den Pädagogen der Erziehungshilfeschule als Verhaltensmuster schon vertraut sind. Ein Schüler will gar nicht mehr weiter machen. Er kündigt an, seinen Koffer zu packen und heim fahren zu wollen. Nach zwei Stunden ist der Groll wieder verflogen. Die Lehrerinnen und Lehrer wissen aus Erfahrung, wie schnell derartige Proteste oder beleidigtes Verhalten wieder verfliegen können. Sie raten Trüün und Jacobsen, in diese Widerstandshaltungen nicht zu viel hinein zu interpretieren. Im Laufe der Probenwoche bekommt das Leitungsteam mehrfach derartige Verhaltensmuster zu spüren.

Die Lehrer befinden sich einer Doppelrolle. Neben der Betreuung übernehmen sie auch die Verantwortung bei der Einstudierung bestimmter Szenen. Wenn wieder einmal im Plenum das Stimmungsklima zu kippen droht, sind sie es, die durch Gespräche und

Spaziergänge mit einzelnen Schülern, Widerstände abbauen und Motivation zu wecken versuchen. Sie regen an, Ideen und Szenen weiter zu entwickeln. Fragen Texte ab, unterstützen das Training. Dabei kommt es überraschenderweise zu Reaktionen, deren Ursache im soziokulturellen Hintergrund der Schüler zu suchen ist. Ein Schüler mit türkischem Migrationshintergrund lässt das seine Lehrerin spüren. Er zeigt erhebliche Widerstände, von einer weiblichen Person angeordnete Grenzsetzungen befolgen zu müssen. Er hat auch hier zu akzeptieren: Wenn seine Lehrerin was anordnet, dann meint sie es ernst. „Trotzdem testet er immer wieder aus", sagt Lehrerin Annette. „Ich empfinde das als Spiel, weil ich auch seine Wertschätzung spüre. Er will die Reibungsfläche, um zu sehen, wie die Reaktion ist."

---

*„Als Klassenlehrerin von den Jüngsten habe ich meine Aufgabe
darin gesehen, so etwas wie eine Mutterrolle einzunehmen.
Ich sammle mir einzelne Schüler, setz mich zu ihnen aufs Zimmer
und richte sie sozusagen durch Streicheleinheiten wieder auf.
Die konnten durch die Bemutterung Ruhe finden.
Diese Art von Pädagogik ist in der Woche gut aufgegangen."
Lehrerin Rose*

Wertschätzung in der Kleingruppe
Die Tage beginnen mit einem etwa halbstündigen Warming-Up aller Schüler über Singübungen und rhythmische Bewegungen. Doch als wesentlich erweist sich dazu die Arbeit mit Einzelnen und in Kleingruppen. Als einen der schönsten Momente behält Friedhi Trüün die Arbeit mit den beiden Rappern in Erinnerung. In einer Viertelstunde verfassen sie zusammen einen gelungenen Dialogtext. Auch bei den Stompern bemerkt sie: Die Schüler lohnen es, wenn man sich ihnen gezielt zuwendet. Sobald man mit den Jugendlichen alleine arbeitet, ist der Kontakt viel intensiver und das Erlernte bleibt nachhaltig. Friedhi Trüün: „Ich fühle dann ihre Wertschätzung. Sie merken, die kompetente Erwachsene beschäftigt sich jetzt mit uns, das ist cool." Entscheidend bei so einem Workshop ist, dass das Plenum nur begrenzt funktioniert. Trüün: „Ein bisschen fühle ich mich wie ein Dompteur, der zu viele Raubtiere unter Kontrolle halten muss. Ich muss ihnen Futter geben und sie gleichzeitig pflegen und herausfordern, durch den Feuerreifen zu springen."

„Das Ablehnen das Sich-gegenseitig-Fertigmachen
ist bei unseren Schülern sehr stark ausgeprägt."
Lehrerin Rose

Teamgeist kann nicht vorausgesetzt werden. Das Gruppengefühl, wonach nur gemeinsam ein Bühnenerfolg zu erringen ist, bleibt auch am Dienstag ein Endziel mit höchst begrenzter Aussicht auf Erfolg. Umso mehr tritt das besonders ausgeprägte Ego einiger Protagonisten zutage – nach der Devise: Zunächst präsentiere ich mich, und dann erst kommen die anderen. So ein Selbstbewusstsein vermittelt die trügerische Selbsteinschätzung, als Star bereits auf die Welt gekommen zu sein. Probenarbeit wird darum als überflüssig und höchst lästig empfunden.

Mit einer Überraschung wartet C. aus der sechsten Klasse auf. Seine Lehrerin räumt dem Singen bereits einen festen Platz ein und pflegt, den täglichen Schulunterricht mit gemeinsamem Gesang, Sprech- und Bewegungsübungen zu beginnen. Sogar eine Adaption der Oper „Zauberflöte" nach Wolfgang Amadeus Mozart brachte sie mit ihrer Klasse auf die Bühne. Obwohl Schüler C. hier sein Talent unter Beweis stellen konnte, weigert er sich nun in Ochsenhausen beharrlich, solistisch zu singen. Friedhi Trüün gibt dennoch nicht auf. Am zweiten Tag überwindet sie den Widerstand und versucht in einer zwanzig minütigen Einzelsitzung, ihm den Rainhard-Mey-Song „Über den Wolken" nahezubringen. Trüün empfindet es als Erfolg, als C. schließlich mit Freude das Lied vorträgt und die Intonation gut hält: „Den großen Applaus bei den Aufführungen hat er sich ehrlich verdient." Auch nach Meinung seiner Klassenlehrerin stieg sein Selbstbewusstsein mit diesen Auftritten beträchtlich: „Dass der C. so ruhig spielen und singen konnte, das hat mich erstaunt. Denn in der Schule ist er ausgesprochen schwierig." Oder nehmen wir Schüler J. in der Rolle des Kellners, der sich anfangs stumm, abwartend und sehr kritisch zum Projekt verhält und erst allmählich zum Akteur entwickelt, der durch seine Slapstick-Einlagen die Lacher auf seiner Seite hat. Hannes Jacobsen sagt: „Ihn aus der Ecke auf die Bühne zu holen, bedurfte einer Entwicklung von einem Vierteljahr."

Struktur aus Puzzleteilen

Am Mittwoch ist die Struktur des Musiktheaterstücks fertig. Die Puzzleteile samt den Versatzstücken aus musikalischen und gesanglichen Elementen sind nun zusammengesetzt und ergeben in fünf Szenen eine schlüssige Handlung. Zum ersten Mal nehmen Schüler und Lehrer ihr Stück als Ganzes wahr – eine wichtige Etappe ist erreicht. „Da gab es so einen richtigen Ruck, und die Stimmung war super", berichtet Trüün. „Die Schüler hatten das Gefühl, jetzt läuft's." Zum Tagesabschluss wird ein Film gezeigt.

„Sobald man von den Schülern fordert,
was über das hinausgeht,
was sie ohnehin schon können,
stößt man schnell auf Widerstände.
Das kann bis zum Konflikt gehen.
Null Bock, das ist unser tägliches Brot.
Wir müssen uns als Lehrer immer wieder fragen:
Wie weit schiebe ich, wie weit ziehe ich,
wann lasse ich den Schüler gewähren?"
Lehrer Hansjörg

Eskalation am vierten Tag

Am vierten Tag des Workshops, am Donnerstag, gehen die Proben weiter. Drei Musiker machen sich mit den Schülern bekannt, die bei den Aufführungen für die musikalische Begleitung sorgen werden. Die Besetzung der Band besteht aus Piano, Bass, und Schlagzeug. Mit ersten Durchläufen soll begonnen werden, was sich aber verzögert. Seminarleiterinnen wie Friedhi Trüün wissen aus Erfahrung, dass gegen Ende eines Wochenkurses die Aufmerksamkeit der Teilnehmer gewöhnlich nachlässt. Auch mit der Disziplin ist es dann nicht mehr so gut bestellt. Da sind sich Schüler aller Schultypen mehr oder weniger ähnlich. Jedoch im Kurs der Erziehungshilfeschule aus Tübingen-Pfrondorf kommt es an diesem Tag zu

einer regelrechten Eskalation. Die seit Tagen anhaltenden Störmanöver, angeheizt durch einen Jungen, halten an. Er widersetzt sich den Anweisungen und ermuntert sein Umfeld, es ihm gleich zu tun.

Die Stimmung ist gereizt. Die Lehrer beschließen, ein deutliches Zeichen für mehr Disziplin zu setzen. Eine Maßnahme, die schon seit Dienstag immer wieder erwogen wurde. Nach den Debatten im Leitungsteam setzt sich die Erkenntnis durch, bisher nicht konsequent genug auf die Störungen reagiert zu haben. Der Störer soll nach Hause geschickt werden.

„Das hat mich geschockt, dass Kinder so ausflippen können.
Die waren ja völlig außer sich. Da habe ich gemerkt,
mit unserer Pädagogik kommen wir da nicht mehr weiter."

Kaum ist das den Schülern vermittelt, kommt es zu einer Solidarisierung. Der Großteil der Gruppe ergreift für ihn Partei. Ein Schüler macht sich zum Fürsprecher. Mit nacktem Oberkörper, sein Hemd wie eine Fahne schwenkend, verlässt er das Haus und hinter ihm im Gefolge vierzehn Schüler. Unter lautstarkem Protest geht er in Richtung Ort. Lehrer und Betreuer schaffen es nicht, die Meute zurück zu halten. „Das hat mich geschockt, dass Kinder so ausflippen können", so Lehrerin Rose. „Die waren ja völlig außer sich. Da habe ich gemerkt, mit unserer Pädagogik kommen wir da nicht mehr weiter." Die Lehrer rufen die Polizei. Zwei Beamte erscheinen und leiten die Ausreißer wieder zurück. Versöhnliches am späten Abend – den Tagesabschluss bildet eine Gesprächsrunde ab 23 Uhr mit allen Schülern und auch den Polizisten. Die Schüler sind erbost, sie nennen die Ausweisung ihres Mitschülers gemein und ungerecht. Das Herbeirufen der Ordnungsmacht erscheint ihnen als Verrat. Das wird auch deshalb als

Affront aufgefasst, weil der eine oder andere schon einschlägige Erfahrungen mit der Polizei hinter sich hat. Die Stimmung bleibt aufgeheizt. Die Anwesenheit der Beamten hält Schüler nicht von lautstarken Diffamierungen ab. Doch ein Polizist rettet die Situation. Der Oberwachtmeister erweist sich als geschickter Moderator. Als ehemaliger Berufsschullehrer versteht er es, in Ruhe mit den Jugendlichen zu reden. Letztlich zollen die Schüler dem Beamten sogar Respekt. Einige berichten ihm, wie wichtig ihnen das Musiktheaterprojekt ist. Sie bekennen sogar, unbedingt weiter machen zu wollen.

„Sie können das Projekt doch jetzt nicht abblasen."

Andererseits kommt eine Rücknahme der verhängten Strafe für die Lehrer nicht in Frage. Sie kündigen an: Der Übeltäter solle über Nacht in der Akademie bleiben, aber am kommenden Tag definitiv nach Hause fahren. Sollten die Störungen der Schüler weiter andauern, gebe es nur eine Konsequenz. Dann müsse der gesamte Kurs heim, ohne die vorgesehene Aufführung am selben Abend gemacht zu haben. Um zwei Uhr nachts löst sich die Runde auf. Im Aufenthaltsraum bleiben nur noch die Lehrer mit den Polizisten zurück. Müdigkeit und Resignation macht sich breit. Jetzt erst einmal das Erlebte überschlafen, dann weiter sehen, was aus dem Projekt wird. Der Oberwachtmeister verabschiedet sich von der Runde, er versucht, Mut zu machen: „Sie können das Projekt doch jetzt nicht abblasen."

Alles wieder offen
Freitagmorgen – Die angekündigte Strafe wird vollzogen und der Störer in den Zug nach Hause gesetzt. Am diesem letzten Tag, der eigentlich mit der Premiere und einer anschließenden Feier den Höhepunkt der Probenwoche bilden sollte, scheint vieles, fast alles wieder offen. Das Leitungsteam steht unter totalem Druck. Bis 10 Uhr will die Hauswirtschaft verbindlich wissen, ob der Kurs wie geplant weiter läuft oder abgeblasen wird. Zudem muss das gastronomische Angebot für die Premierenfeier vorbereitet werden.

Um den Schock vom Vorabend zu verarbeiten, suchen Trüün und Jacobsen klassenweise die Aussprache. Sie wollen die Befindlichkeit jedes einzelnen Kursteilnehmers abfragen. Die morgendliche Bestandsaufnahme überrascht, denn die Rückmeldungen sind zwiespältig. Die jüngeren, bisher wohlwollend mitarbeitenden Schüler zeigen sich jetzt höchst verunsichert. Sie wollen aufgeben und sprechen sich mehrheitlich für einen Abbruch aus. Und diejenigen, die als Aufmüpfige auffielen, geben sich nun nachdenklich. Die Entwicklung des vorhergehenden Tages hat sie betroffen gemacht. „Wir haben Blödsinn gebaut", sagen sie ganz offen. „Wir wollen, dass das Stück auf die Bühne kommt." So fällt der Entschluss: Es muss weiter gehen.

Die letzten Probenstunden werden genutzt, bis es zur Mittagszeit eine weitere unangenehme Überraschung gibt. Zwei Schüler haben in der Pause mit Mädchen aus dem Ort angebandelt. Dabei sollen die Jungen von den Mädchen ermuntert worden sein, einem missliebigen Hauptschüler aus Ochsenhausen sozusagen einen Denkzettel zu erteilen. Fazit: Es kommt zum Streit, der in einer Schlägerei endet. Sechs Jugendliche sind daran beteiligt, Steine fliegen, mit einem kleinen Klappmesser soll gedroht worden sein. Wieder schreitet die Polizei ein. Die Nerven im Leitungsteam liegen blank. Die Steinewerfer werden von der Premierenfeier ausgeschlossen und müssen noch am Abend mit dem Direktor der

Schulträgereinrichtung heimfahren.

Stunden vor der Premiere scheint nun jeder Funken Hoffnung für ein gutes Ergebnis nach den harten Vorarbeiten verflogen. „Ich fühlte mich bisher als Motor der Aufführung", erinnert sich Friedhilde Trüün. „Ich stand vor den Schülern, konnte durch meine Lust und Präsenz gute Stimmung machen. Aber dieses Ereignis habe ich als einen Riss empfunden, der mich die Gruppe nicht in dem Maße spüren ließ, wie es in den Tagen vorher war." Trotzdem gibt es kein Zurück. Der Countdown für die abendliche Premiere läuft. Letzte Stellproben finden statt. Die Positionen der Darsteller werden mit Klebestreifen auf dem Bühnenboden markiert. Die Darsteller proben Umbauten und Durchläufe der Szenen bis hin zur der finalen Applausordnung, mit der sie sich vor dem Publikum verbeugen wollen.

Die Aufführungen
Um 19 Uhr ist der Bräuhaussaal der Landesakademie gut gefüllt. Freunde und Mitglieder des Stiftungsrats der Stiftung Präventive Jugendhilfe, die Akademieleitung und Lehrkräfte sowie auch einige der weiblichen Schülerbekanntschaften aus Ochsenhausen befinden sich unter den Zuschauern. Hannes Jacobsen stellt sich vor den Vorhang und heißt die Gäste willkommen. Seine Worte können Erleichterung, gewiss auch Erschöpfung und die Genugtuung nicht verbergen. Bis hierher hat man es geschafft. Die Probenwoche hat mit der Premiere des Musiktheaterstücks ihr gesetztes Ziel also nun doch erreicht. Aber wie wird die Aufführung über die Bühne gehen?

Jacobsen sagt: „Nicht alle Träume sind umsetzbar. Sie können zuweilen auch platzen. Das haben wir auf verschiedene Weise erlebt. Diese Woche war und ist gekennzeichnet durch eine Gefühlsachterbahn ohnegleichen. Traum und Albtraum waren dicht beieinander. Träume zu verwirklichen, das braucht einen sehr, sehr langen

Atem – für die Jugendlichen, aber auch für uns Erwachsene. Einen kleinen Schritt in diese Richtung sind wir in Ochsenhausen gegangen, deshalb auch unser Credo heute: Mehr geht nicht. Und trotzdem wünschen wir Ihnen viel Spaß bei „Hey da geht noch was".

„Diese Woche war und ist gekennzeichnet durch eine Gefühlsachterbahn ohnegleichen."

Was dann abläuft, straft die Pessimisten Lügen. Auf der Bühne der Landesakademie und wenige Tage später im vollbesetzten großen Saal des Kulturzentrums Sudhaus in Tübingen kommt auf der Bühne echte Spiellaune auf. Die Anspannung verfliegt. Im Licht der Schweinwerfer und Spotlights werden die Darsteller, wie es das Tübinger Tagblatt schreibt, „stürmisch bejubelt". Erziehungshilfeschüler stehen eineinhalb Stunden im Mittelpunkt, zum ersten Mal voll im Rampenlicht. Zum Premierenabend liest man in der Schwäbischen Zeitung: „Der lebhafte Beifall war wirklich verdient und sollte die Pfrondorfer Förderschüler zu weiteren Aktivitäten in dieser Richtung ermutigen." Der Artikel endet: „…es war rührend, wie nach allgemeinen Dankesworten der Kleinste der Buben sich für sein störendes Verhalten entschuldigte. Ja, Gemeinsam-Musizieren kann zum Positiven verändern."

Zum wirklichen Happy End gerät die Nachfeier im barocken Festsaal von Ochsenhausen, wenn auch die beiden Hauptakteure der mittäglichen Rauferei davon ausgeschlossen wurden. Ein großzügiges Buffet und Getränke, die Rede des Akademiedirektors Dr. Klaus Weigele, der Dank des Stiftungsvorstands Siegfried Hoch, die gelöste Atmosphäre machen die Anspannung der letzten Tage vergessen. Alles pädagogische Bemühen und nachhaltige Üben wird zum guten Schluss doch noch belohnt. Die Schüler drücken ihre Freude in der Form aus, die über Wochen Lerninhalt der Musiktheaterinitiative war – sie singen wie befreit und aus Leibeskräften. Sie umringen Friedhi Trüün und ihren Lehrer Hansjörg am Flügel des Festsaals. Spontan übernehmen einige die Bewirtung. Hannes Jacobsen ist überwältigt: „Die heitere Stimmung der Kinder und Jugendlichen in dieser Nachfeier zu erleben, allein für diesen Augenblick hat sich das Projekt gelohnt."

---

*„In der Premierenfeier standen sie um mich am Flügel
und sangen aus vollem Herzen. Das war wunderschön.
Und dann kam D. mit Tränen in den Augen auf mich zu und sagte:
Dass ihr dieses Projekt mit uns durchgezogen habt,
das werde ich euch nie vergessen."*
Friedhi Trüün

Was bleibt? – Die Reaktionen der Schüler

Wie ist die Reaktion der Schüler? Einige zeigen sich von ihren Bühnenerfolg überwältigt. Das Hochgefühl äußert sich in Sätzen wie: „Was können wir nicht alles" und „Das ist doch alles so toll." Lehrerin Rose vertraut ein Junge an: „Jetzt weiß ich zum ersten Mal, wer ich bin." Das Musiktheaterstück verschaffte herausragende Momente in einem Schülerleben. Zum ersten Mal vor Publikum glänzen können. In der Gemeinschaft ein Stück Harmonie erfahren. Aus den Schlussszenen bleibt ein Bild in Erinnerung: Alle bilden einen Halbkreis um die Akteure, wenn sie ihre einstudierten Auftritte absolvieren. Die Szene war dramaturgisch so angelegt, dass alle mitzittern und Daumen drücken, damit die Performance gelingt. In den Aufführungen wird das Inszenierte ebenso auch als ein Stück Wirklichkeit erfahren. Der Einzelne spürt die Rückendeckung der Gruppe. Die Gemeinschaft stützt ihn. Ein Sozialgefühl wird erfahrbar, ausgedrückt durch den gemeinsam gesungenen Cliff-Richard-Hit „Power to All Our Friends".

Aber diese Bestärkung, dieses Empowering, wie Pädagogen sich ausdrücken, wird nicht vorbehaltlos von allen geteilt. Lehrer Axel weist darauf hin, einige hätten es sogar noch in der zweiten Vorstellung an Wir-Gefühl vermissen lassen. Sie seien unverändert auf dem alten Niveau geblieben, nach dem Motto: „Ich mache die anderen nur an. Ich guck nach den Fehlern und helfe dem Mitschüler nicht, ein Problem zu lösen." Lehrerin Annette bemerkt bei ihren Schützlingen „das schöne Gefühl, auf der Bühne gestanden zu sein und Erfolg zu haben". Die Schüler hätten den Prozess erfahren, wie nach harter Arbeit verdientes Lob folge. Aber bei manchen, so die Lehrerin, bleibe dieser Effekt aus: „Ich habe den Eindruck, die nehmen weniger mit, als sie es eigentlich verdient haben."

> *„Jetzt kann man manchmal so richtig humorvoll mit ihnen umgehen.
> Das hat sich schön verändert."*

Der Darsteller des amerikanischen Showagenten Mister Bill Wonder schwelgt noch Wochen danach, dass die Aufführungen zu den größten Erlebnissen gehören, die er je erfahren hat. Seine Lehrerin bestätigt: „Das hat ihn ganz arg aufgebaut." Er ist fröhlich. Sein Selbstbewusstsein hat merklich gewonnen. Immer wieder schlüpft er in seine Rolle und erheitert seine Umgebung mit typischen Gesten und Sprüchen aus der Show.

Auch Schüler A. in der Rolle des Moderators der Show hat profitiert, „vor allem im Hinblick auf seine Rolle in der Klassengemeinschaft", wie seine Lehrerin bestätigt. Er war der Typ, der in der Klasse gehänselt wurde. Die Aufführung versetzte seinem Selbstwertgefühl einen kräftigen Schub. Bei andern ist festzustellen, dass sie sich nach dem Projekt den Lehrern gegenüber „viel zugänglicher und viel offener" geben. Lehrerin Annette: „Jetzt kann man manchmal so richtig humorvoll mit ihnen umgehen. Das hat sich schön verändert."

Schülerreaktionen im Interview
„Das war echt so ein Kribbeln..."

Was hast du vom Projekt gelernt?
Schüler O.: Das Durchhaltevermögen von mir. Nicht gleich aufgeben, weil man es nicht kann. Das hat mich gefreut, dass man auch mit anderen noch was machen kann.

Wie hast du den Beifall des Publikums empfunden?
Das war echt so ein Kribbeln, als die Aufführung zu Ende war und alle geklatscht haben. Meine Eltern, meine Mutter, meine Schwester, die waren begeistert. Geil, das war der Hammer.

Was könnte man besser machen?
Wir haben Fehler gemacht, dass alle so gestritten haben. Erst beim Auftritt in Ochsenhausen haben wir uns alle gefreut. Wenn wir das noch einmal machen, wird es besser, weil wir genau wissen, wie es läuft. Dann passieren diese Streitereien nicht mehr.

Was ist dein Traum?
Ich will Profitänzer mit eigener Truppe werden, das ist mein Traum. Ich habe gerade einen Schnupperkurs in der Tanzschule hinter mir. Da war ich der einzige Junge mit 24 Mädchen. Aber ich komme mit den Mädchen klar. Jetzt trainieren wir zwei Mal in der Woche.

Was sagen deine Eltern dazu?
Nix, die sind ruhig. Die sagen: Mach das, was du willst. Die zahlen den Kurs schon, 27 Euro im Monat. Ich bin Tänzer wie gesagt.

Welche Erinnerungen hast du an das Musiktheaterprojekt?
Schüler D.: Begeistert, einfach cool. Also ich wollte eigentlich schon immer sowas machen. Die bei der Aufführung waren, hat es voll gefreut. Meine Patentante hat sogar geweint – ein bisschen.

Wie empfandest du die Probenwoche?
Wie im Schullandheim, nur noch ein bisschen intensiver. Die Atmosphäre in der Gruppe war immer gut, bis halt auf das Eine. So wie es bei uns war, war es wirklich gut. Ich würde es genau so machen.

„Ich hätte es gerne noch einmal aufgeführt.
Den Text habe ich immer noch im Kopf."
Schüler D.

Wie hast du dich auf der Bühne gefühlt?
Schüler S.: Das Besondere ist, wenn das Licht angeht. Wenn man auf einmal anfangen muss zu spielen. Und dann zittert man voll und dann muss man aufs Klo. Aber am Ende, wenn alle klatschen, dann weiß man halt, dass die das gut fanden. Dann fühlt man sich irgendwie viel besser.

Hat sich das auf dein Leben übertragen?
Ich lache mehr. Ich muss immer lachen.

Was hast du gelernt?
Ich hätte nie gedacht, dass man in so kurzer Zeit so viel lernen kann. Ich dachte, das geht in die Hose, wir blamieren uns.

Was aus Erfahrungen gelernt wurde – eine Bestandsaufnahme

Aus Erfahrung gelernt
Das Projekt als pädagogisches Lehrstück? Gab es Lektionen, die bestätigt oder als wichtig erkannt wurden? Die wesentlichen Ergebnisse sind hier zusammen gefasst.

Mut zum Scheitern
Ein Musiktheaterprojekt und insbesondere eines mit Erziehungshilfeschülern sollte mit dem Mut zum Scheitern begonnen werden. Es ist pädagogisch abzuwägen, ob vorab eine Auswahl unter den Schülern getroffen werden sollte. Dabei sind alle Folgen auf die gewissermaßen „abgelehnten", nicht zum Zuge gekommenen Jugendlichen zu bedenken. Pädagogisch wäre diese Selektion zu rechtfertigen, weil viele Schüler der Erziehungshilfeschule unter einer ständigen Überforderung leiden. Sie sind in ihrer Entwicklung nicht so weit, dass sie das leisten können, was ihre Umwelt von ihnen fordert. Entschließt man sich aber, ohne Vorselektion das Musiktheaterprojekt anzugehen, müsste dies, aller gründlichen Vorarbeiten zum Trotz, eine bedingungslose Offenheit auch zu einem möglichen vorzeitigen Abbruch voraussetzen. Wünschenswert ist die Bereitschaft zur lustvollen Phantasie und zu spielerischem Entwickeln. Das Ausprobieren, das Entwerfen, aber genauso auch das Verwerfen von Ideen gehören dazu.

Auf Talenten aufbauen
Das Konzept des Musiktheaters hat sich bewährt. „Hey, da geht noch was" baut auf einer flexiblen Struktur auf. Diese lässt sich leicht an die individuellen Voraussetzungen der Schülerinnen und Schüler anpassen. Dabei sind zunächst die persönlichen Entwicklungspotenziale der Schülerinnen und Schüler zu aktivieren. Das bedeutet, dass die schauspielerischen, gesanglichen und akrobatischen Talente und Fähigkeiten in einer Evaluierungsphase gesichtet, getestet und danach szenisch gebündelt werden.

Im dramaturgischen Ablauf erzählt das Stück die Rivalität zwischen zwei Jugendgruppen. Diese Gegnerschaft wird überwunden durch das Auftreten eines Managers, der alle Akteure gemeinsam für eine große Bühnenshow verpflichten will. Das strukturierte Vorgehen im Musiktheaterprojekt und der Inhalt des Stückes verfolgen somit weitgehend ein gleiches Ziel, einen prozesshaften Weg zum Ich und zum Wir, von Entdeckung eigener, möglicherweise verborgener Kompetenzen, deren Darstellung in der Kleingruppe, bis zur Überwindung von sozialen Spannungen, um an einer gestärkten Gemeinschaft teilhaben zu können.

Auszeiten nehmen
Die Betreuerinnen und Betreuer sollten in einer Projektwoche für sich selbst verlässliche Auszeiten von etwa zwei bis drei Stunden täglich einhalten. Sie brauchen Ruhe abseits des Probebetriebs, in denen sie bewusst ausspannen können. Hannes Jacobsen empfiehlt beispielsweise körperbetontes Abschalten durch Spazierengehen, Joggen oder Sauna.

Pädagogische Helfer
Pädagogische Helfer sind wichtig. Dazu gehören etwa die Mitglieder der Band. Im idealen Alter bis etwas Mitte 20 haben sie in der Regel einen unbefangeneren Zugang zu den Jugendlichen. Dazu eignen sich Studierende pädagogischer Fachrichtungen. Sie bewähren sich im Musiktheaterprojekt auch deshalb, weil sie spezielle Aufgaben wie zum Beispiel das Schminken oder die Aufnahme von Probenvideos erfüllten. Desgleichen ist die Verpflichtung von Fachtrainern oder kompetenten Aktiven aus Sportvereinen von Vorteil, die etwa beim Breakdance oder Basketball aus erster Hand Tipps und Tricks vermitteln können. Grundsätzlich sollte für jede sportliche oder artistische Gattung eine ausgewiesene Schulungspersönlichkeit verfügbar sein. Somit lassen sich Rivalitäten in Gruppen eindämmen, die auftreten, wenn sie ohne Trainer mehr oder weniger auf sich selbst gestellt sind.

Mit Singen früh beginnen
Stimmbildung und Gesangsunterricht können nicht früh genug beginnen. Je früher Kindergarten und der Grundschule mit fundierter Gesangspraxis und Chorbildung beginnen, umso aufgeschlossener nehmen die Kinder diese Unterweisungen an. Auch eine Bühnenpraxis ist in frühen Jahren leichter und mit positiven Sozialisationserfahrungen zu vermitteln.

Abwechslungsreiche Übungseinheiten
Um die Aufmerksamkeit der Schüler zu halten, sollten die Übungseinheiten auf 15 bis 20 Minuten begrenzt sein. Längere Intervalle wirken dagegen kontraproduktiv. Eine abwechslungsreiche Folge von Sing-, Spiel- und Bewegungsimpulsen fördert gute Ergebnisse.

Den Einzelnen zuwenden
Intensiver Kontakt und konzentriertes Üben mit einzelnen Schülern oder in Kleingruppen ist eine unverzichtbare Ergänzung zur Arbeit im Plenum. Hier spüren die Schüler unmittelbar die Wertschätzung der Betreuer. Ein Lob ist besser, wenn der Betroffene direkt angesprochen wird. Vor der Klasse wirkt es auf die betreffenden Jugendlichen oft peinlich. Das intensive Üben schafft motivierende Lernerfolgserlebnisse, zumal es das natürliche Bestreben der Schülerinnen und Schüler ist, ihre Grenzen zu entdecken. So lassen sich im theaterpädagogischen Einzeltraining oder dem Kleingruppenunterricht die Schüler sehr gut zu Grenz- und Extremerfahrungen, so genannte Peak Experiences, motivieren. Solange diese Erfahrungen nicht gemacht sind, bleibt die Selbsteinschätzung allzu leicht wirklichkeitsfremd.

Was tun gegen Störenfriede?
Das disziplinarische Regelwerk für die Proben und insbesondere für die Probewoche muss allen Beteiligten klar verständlich sein und im Vorfeld bekannt sein. Es muss aber vor allem auch durch-

setzungsfähig sein. Die Betreuer sollten nur solche Regeln aufstellen, deren Verstöße sie auch wirklich sanktionieren können. Aggressives und regressives Verhalten über das zulässige Maß hinaus muss konsequent und zeitnah geahndet werden. Das Leitungsteam musste sich fragen, ob es nicht zu spät und zu wenig entschlossen auf Störenfriede reagiert habe. Ankündigungen von Konsequenzen – so zum Beispiel: Wer raucht fährt heim – machen wenig Sinn, wenn sie nicht zu vollziehen sind, weil schlicht die Kapazitäten für einen Rücktransport fehlen.

„Unsere Schüler sind normal. Nur machen sie auch Sachen, da sind die Grenzen verschoben. Also bei anderen sagt man: Jetzt reicht's. Dann verstehen sie es. Bei uns muss man halt zehn Mal sagen und auf den Tisch hauen, bis es ankommt."
Lehrer Hansjörg

Den Ablauf visualisieren
Wenn Musiktheaterstücke – wie im vorliegenden Fall – in einem Entwicklungsprozess über Wochen und noch dazu auf mehrere Gruppen verteilt reifen, sollten wirksame Anstrengungen unternommen werden, immer wieder allen Beteiligten den Blick auf das ganze Projekt zu vermitteln. Ungewissheiten über das Erreichte sollten vermieden, der bewusste „Rote Faden" immer wieder deutlich aufgezeigt werden. Über Flipcharts, Powerpoint-Darstellungen via PC oder Beamer sowie mittels einfacher Pappfiguren sind die Handlung und die Szenen mit den dabei agierenden Personen zu visualisieren. Um es sich besser einprägen zu können, sollte diese Dokumentation jederzeit gut einsehbar sein.

„Die Offenheit muss man von Anfang an haben, dass am Schluss auch nichts auf die Bühne kommt."
Lehrerin Rose

Besser kürzere Workshops?
Unterschiedliche Meinungen gibt es unter den beteiligten Lehrern über die Länge des Probenworkshops. Einige heben den Ertrag einer kompakten Lernwoche hervor, andere beurteilen eine ganze Woche als zu anstrengend für ihre Schüler. Als typische Einzelgänger seien die Jugendlichen es überhaupt nicht gewohnt, so intensiv gefordert zu werden. Dabei finden die Lehrer Erfahrungen anderer Schulen bestätigt, die etwa nach dem zweiten Tag mit nachlassender Aufmerksamkeit disziplinarischen Problemen zu kämpfen haben, und deshalb den Aufenthalt beschränken. Sie ziehen zwei Probenzyklen von etwa drei Tagen vor, die im Abstand von etwa zwei Wochen stattfinden.

„Hey, da geht noch was" – Musiktheaterstück in fünf Szenen

Im Zentrum des Stückes stehen zwei rivalisierende Jugendgruppen, welche miteinander um die Gebietshoheit ihres Viertels wetteifern. Einflüsse von außen führen sie zu einem Gemeinschaftserlebnis, aus dem heraus Teamgeist entsteht. In einer bunten Mischung aus Rap, Breakdance, Gesang und Theater entwickelt sich ein spannender Schlagabtausch.

Erste Szene: Auf dem Uhlandplatz
Zweite Szene: In der Uhlandklause
Dritte Szene: Verständigung der beiden Gruppen
Vierte Szene: Training im Hinterhof
Fünfte Szene: Der Clubabend

Die Rollen

Basketballer:
   Basketballer Kai
   Basketballer Kevin

Rapper „Red Rappers":
   Rapper Raider
   Rapper Ray
   Rapper Richie
   Rapper Rudi

Breakdancer „Black Breakers":
   Breaker Burak
   Big Breaker Bino
   Breaker Basti

Showtanz „Kick Girls":
   Dancer Pia
   Dancer Jay

Jongleure:
Jongleur A
Jongleur B

Kulturagenten:
Bill Wonder
Günther Hauch

Kneipenpersonal:
Wirt Willi Willkür
Kellner Dimitri

Die Stammtischbrüder:
Stammtischbruder Helmut
Stammtischbruder Walter
Stammtischbruder Siegfried

Leitung und Begleitung

Lehrerteam:
Rose Marstaller-Bess
Annette Mendel
Axel Kugel
Hansjörg Wagner

Regieassistenz und Technik:
Ida Frohnmeyer
Bernhard Schaff

Musikalische Begleitung:
Lukas Brenner, Piano
Matthias Werner, Kontrabass
Fabian Dettenrieder, Schlagzeug

Leitung:
Friedhilde Trüün
Hannes Jacobsen

Da geht noch was

Einer hätte das nie geschafft.
Nur gemeinsam finden wir diese Kraft
einen Zauber in den Liedern zu spür'n,
nimmt ihn auf und tragt ihn weiter.
Wenn euch diese Gruppe gefällt,
dann kommt wieder,
wir sind nicht aus der Welt.
Also spüren wir das Kribbeln im Bauch
und dann heißt es wieder -
Jetzt kommt:

"Y.M.C.A." (Original: "LA VIE DU BON COTÉ") Musik: Jacques Morali
© by SCORPIO MUSIC S.A.R.L., für Deutschland und Österreich: ROBA MUSIC VERLAG GMBH

Vorspiel

Intro mit Band
Song: Da geht noch was (YMCA Song)

Heute ist es wieder soweit,
genau heute machen wir uns bereit
und wir stehen jedesmal unter Strom,
wenn der Vorhang langsam aufgeht.
Jeder steht begeistert im Licht
Und wir lächeln alle gern ins Gesicht,
denn wir wissen, jetzt ist Showtime.
Und ihr seid gespannt auf uns, zu starten
mit Schwung und Gefühl:
Das geht noch was.
Macht alle mit und singt jetzt:
Da geht noch was.
Jeder gibt was er kann
mit Musik und Gesang,
jetzt sind alle gemeinsam dran.
Freude geben tut gut,
der Applaus macht uns Mut,
unsern Traum einfach auszuleben.

Einer hätte das nie geschafft.
Nur gemeinsam finden wir diese Kraft
einen Zauber in den Liedern zu spür'n.
Nimmt ihn auf und tragt ihn weiter.
Wenn euch diese Gruppe gefällt,
dann kommt wieder,
wir sind nicht aus der Welt.
Also spüren wir das Kribbeln im Bauch,
und dann heißt es wieder – Jetzt kommt:
Da geht noch was …

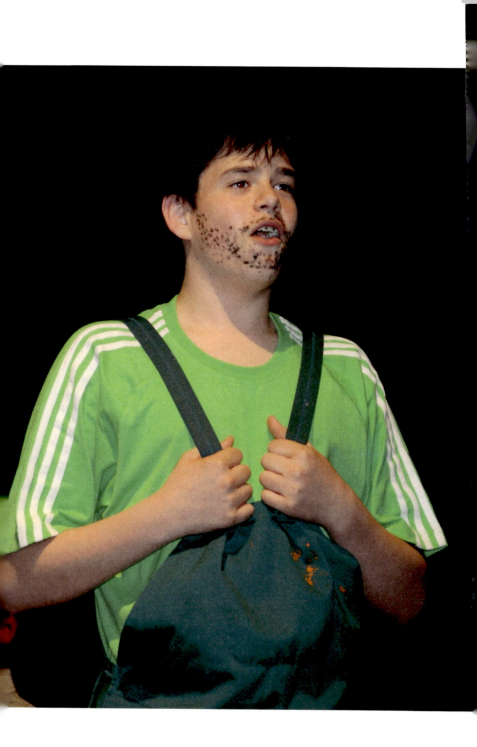

Erste Szene: Auf dem Uhlandplatz

Auf dem Ludwig-Uhland-Platz in Neckarstadt spielen zwei Jungen Basketball und schwärmen von den Gangs.

Basketballer Kai: Boh, hast du gestern Abend die Red Rappers hinter dem Uhlandplatz gesehen? Die war´n doch echt super drauf.

Basketballer Kevin: Okay, schlecht war´n die nicht, aber immer nur diese Texterei, das geht mir echt mächtig auf den Zeiger. Da machen mich die Black Breakers viel mehr an: diese Bewegung, dieser Groove, diese Akrobatik, diese Coolness.

Basketballer Kai *(bestimmt)***:** Mensch, Kevin, wir sind doch auch nicht schlecht im Streetball. Wie wir gestern beim Turnier die andern abgezogen haben, war doch klasse. Wenn uns doch mal jemand entdecken würde...

Basketballer Kevin: Ei, guck mal da: Da kommen deine Red Rappers.

(Basketballer gehen in den Hintergrund und beobachten. Die Red Rappers kommen von der rechten Seite auf die Bühne.)

Rapper Raider *(zur Gruppe hin)***:** Habt ihr gesehen, wie gestern die andern auf uns abgefahr´n sind?

Rapper Ray: Ei, Leute, wir sind kurz vorm Durchbruch.

Rapper Richie: Ihr müsst zugeben, wir sind echt gut.
(passende Geste dazu)
(RAP-Einlage, am Schluss Szene einfrieren!)

(Basketballer treten aus dem Hintergrund nach vorne.)

Basketballer Kai: Boah, so möchte ich einmal rappen können!

Basketballer Kevin: Psst, Kai, schau: die Black Breakers kommen auch!

(Basketballer gehen in den Hintergrund und beobachten wieder. Die Black Breakers treten von links auf.)

Breakdancer Burak *(zur Gruppe hin)***:** Unsre coolen Breakeinlagen macht uns so schnell keiner nach.

Breakdancer Bino: Und was wir damit für Menschenmassen mittlerweile anziehen...

Breakdancer Basti: Zeig noch mal die eine Nummer, die war echt super.

(Breakeinlage, danach Szene einfrieren!)

(Basketballer treten aus dem Hintergrund wieder nach vorne.)

Basketballer Kai: Schau mal, da is was im Busch. Wenn das man gut geht.

Basketballer Kevin: *(zeigt auf Red Rappers und Black Rappers)* Augen links, Augen rechts: Die Typen sind heute aber schräg drauf! Da wird es heissss!

(Provokation, Konfrontation, Red Rappers gegen Black Breakers, pantomimische Provokation, lässig und cool Selbstbewusstsein, aggressive Körperhaltung)

Rapper Raider: Die habe ich hier noch nie gesehen. Was machen die da bloß?

Rapper Ray: Ich glaube, das ist ein klarer Fall von: Brett vorm Kopp! (Pause) Würde ich jetzt einfach mal so sagen.

Breakdancer Basti: Schaut euch diese Gangster an! Die haben hier auf meinem Platz nix zu suchen.

Rapper Rudi: Wer sagt hier, dass das DEIN Platz ist?

Breakdancer Bino: Wenn überhaupt, ist das UNSER Platz. Spiel dich hier nicht so auf!

Breakerdancer Burak: Eh, Mann! Guckt euch die doch mal an, wie komisch die aussehen und was die so texten!

Breakdancer Basti: Mister Blablabla und seine Jungs!

Rapper Richie: Was hast du für ein Problem?

Breakdancer Bino: Halt die Klappe, du Schwuchtel!

Rapper Rudi: Ach, ihr seid doch bescheuert!

(Die Anführer, kommen hinzu. Lässig und cool stellen sie sich zu den anderen. Breakdancer Bino schlendert vor ihnen her. Es ist offensichtlich, dass er der Boss ist.)

Breakdancer Basti *(zu Big Breaker Bino)***:** Ey Mann, echt krass! Heute sind voll die komischen Typen in unserem Revier!

Big Breaker Bino: Was denn für Typen?

Breaker Basti: Keine Ahnung.

Breakdancer Burak: Ich glaube, die nennen sich Red Rappers.

Breakdancer Richie: Die sind total krass angezogen. Erst stehen sie blöd rum, und dann mucken sie noch auf.

Breakdancer Basti *(angenervt, schon wieder den Namen zu hören)*: Die gehen mir so was von auf die Nerven. Die sind echt überall. Wir haben überhaupt keinen Platz mehr zum Tanzen.

Breakdancer Burak: Ach die ganzen Red Rappers ... kannst du alle in Sack stecken und drauf hauen, treffen tust du immer den Richtigen! *(Lachen)*

Rapper Ray *(etwas verdeckt und besorgt zu seinen Mitstreitern)*: Bis zum Contest ist es nicht mehr weit. Wir brauchen den Ludwig-Uhland-Platz ganz und vor allem echt mal dringend!

Rapper Raider: Ich muss den Schwuchteln mal die Grenze aufzeigen!

Rapper Richie: Du willst ihnen eine Abreibung erteilen?

Rapper Raider: Ich würde sagen, einen Dämpfer! Aber ich habe auch schon eine Idee.

Rapper Rudi: Ja? Welche?

Rapper Raider *(Pause)*: Das wirst du gleich sehen, pass auf!

Breakdancer Burak: Was geht ab?

Rapper Raider: Nichts!

Breakdancer Basti: Los, gib mir mal 'ne Kippe.

Rapper Raider: Du schnorrst echt ganz schön.

Breakdancer Basti *(hält seine Hand ans Ohr und tut so, als ob er lauscht)***:** Habt ihr was gehört? Ich dachte schon, ich hätte Hallus, hörte sich so an, als hätte ein geistiges Nichts gesprochen.

Rapper Raider: Schon gut, hier – *(Er täuscht vor, eine Zigaretten zu ziehen, holt aber gleichzeitig aus und versetzt ihm einen Stoß.)*

(Pantomimisch dargestellte Schlägerei in Zeitlupe, Mülltonne fällt um; Platz sieht vermüllt aus, dann Szene einfrieren)

(Drei schwäbische Stammtischbrüder schlendern vorbei. Improvisierter Dialog mit drastischer Kommentierung dieses Mülls)

Auf - und Umräum-Team
mit Besen und Mülltonnen – STOMP Rhythmus-Arrangement

Zweite Szene: In der Uhlandklause

In der Gaststube hocken an verschiedenen Tischen unterschiedliche Gruppierungen: Die beiden Rapper, die Basketballer, drei Karten spielende Stammtischbrüder sowie der amerikanische Kulturagent Bill Wonder - Kaugummi kauend - und am Laptop sein deutscher Kollege Günther Hauch. An der Theke steht der Kneipeninhaber Willi Willkür. Es bedient sein etwas verschlafener Kellner Dimitri.
Licht auf die Agenten

Bill Wonder: Well, Mister - yeah - sorry Herr Hauch, ich bin auf der Suche nach jungen Nachwuchskünstlern, die einfach mal was Neues auf die Bühne bringen. Ich meine - yeah - so richtig mit Groove und Feuer unterm Hintern.

Günter Hauch: Tja *(nachdenklich)*, das ist gar nicht so einfach heutzutage, aber ich habe ganz gute Connections zu den Leuten von RTL in Köln ...

Bill Wonder: ... Nein, ich meine so was Ursprüngliches oder typisch Schwäbisches, yeah so von unten heraus, nicht so gewollt und getrimmt. Wie bei dieser komischen Dieter-Bohlen-Show DSDS.

Günter Hauch: Ach Sie meinen „Deutschland sucht den Superstar".

Bill Wonder: Yeah, that´s the bull shit! Wir brauchen etwas Orginelles!

Wirt Willi: Hallo Dimi, jetzt schau noch mal, ob die Gäste noch was zum Trinken haben wollen.

Kellner Dimitri *(etwas verpennt und nicht ganz auf der Höhe)***:** Ja Cheffe, wird sofort gemacht !

Licht auf die drei schwäbischen Stammtischbrüder

Stammtischbruder Helmut: Walter, jetzt guck dir doch mal die Jungen an.

Stammtischbruder Walter: Was soll denn das sein?

Stammtischbruder Siegfried: Jau, jau.

Stammtischbruder Helmut: Früher wär man mit solche Haar ins G'fängnis kommen.

Stammtischbruder Walter: Ja oder umbracht.

Stammtischbruder Siegfried: So isch no au wieder.

Stammtischbruder Helmut: Das Pack soll hier verschwinden.

Stammtischbruder Walter: Weg, ihr Gsindel!

Stammtischbruder Siegfried: Jau, jau.

Stammtischbruder Helmut: Ich hätt von meim Vatter den Frack voll kriegt.

Stammtischbruder Walter: … und von der Mutter den Arsch.

Stammtischbruder Siegfried: Aua!

Stammtischbruder Helmut: Die tanzen wie 'ne Sau vor der Schlachtung.

Stammtischbruder Walter: Eher wie'n Gockel ohne Kopf.

Stammtischbruder Siegfried: Jau, jau.

Stammtischbruder Helmut: Da ist doch Hopfen und Malz verloren.

Stammtischbruder Walter: A propos Hopfen…

Stammtischbruder Siegfried: Prost!

Stammtischbrüder Helmut und Walter: Prost Kameraden!

Wirt Willi: Hallo Dimi, jetzt schau noch mal, ob die Gäste noch was zum Trinken haben wollen.

Kellner Dimitri *(etwas verschlafen und nicht ganz auf der Höhe)*: Ja Cheffe, wird sofort gemacht!

Licht auf die Jungen

(Einer blättert in den Musikzeitungen, andere macht Kreuzworträtsel.)

Rapper Rudi: Schau Dir mal diese tollen Rapper an, einmal so sein wie die...

Rapper Richie: Tja das wär's. Und was für eine fette Kohle die machen...

Rapper Rudi: ... und diese tollen Autos, die die haben.

Licht auf die Rapper und die Stammtischbrüder

Stammtischbruder Helmut *(von der Seite anquatschend)*: Schafft Ihr erst einmal was Gescheites.

Stammtischbruder Siegfried: Die wissen doch gar nicht, was Schaffen ist.

Stammtischbruder Walter: Diese Nichtsnutze haben keine Ahnung, hängen nur rum und haben vor allem kein Benehmen…

Stammtischbruder Helmut: …und Deutsch können die auch nicht!

Rapper Rudi *(laut)*: Moment mal, was heißt hier kein Deutsch? *(steht auf)* Wenn Ihr hier groß einen auf Kenne macht, dann habe ich da mal eine kleine Frage: Wisst Ihr eigentlich woher diese Kneipe den Namen erhalten hat?

Stammtischbruder Helmut: Von diesem Platz natürlich.

Rapper Richie: Hast Du so einen Quatsch schon mal gehört … von Ludwig Uhland natürlich, alter schwäbische Dichter und Denker.

Stammtischbruder Siegfried: Dicht? Und denken?

Rapper Rudi: … Gedichte und mehr, war echt ein cooler Typ, der hatte es voll drauf mit der Sprache!

Rapper Richie: Wollt Ihr mal eins hören?

Stammtischbruder Walter: Wie hören?

Rapper Rudi: Wir haben so etwas drauf auf der Pfanne. Komm Richie, zeigen wir es Ihnen.

(Die Schwaben gucken verdutzt.)

Rapper Rudi und Richie *(RAP mit Gedicht „Frühlingsglaube"
von Ludwig Uhland)*:

Die linden Lüfte sind erwacht
sie säuseln und wehen Tag und Nacht
sie schaffen an allen Enden
O frischer Duft, o neuer Klang!
Nun, armes Herze, sei nicht bang!
Nun muss sich alles, alles wenden!
Die Welt wird schöner mit jedem Tag
man weiß nicht, was noch werden mag.
Das Blühen will nicht enden, es will nicht enden.
Es blüht das fernste, tiefste Tal
nun, armes Herz, vergiss die Qual!
Nun muss sich alles, alles wenden!

(Großer Applaus von den Kulturagenten und dem Kneipenpersonal)

Bill Wonder: Well, das war phantastisch, Ich bin very beeindruckt. *(schaut sich um, zu seinem Kollegen)* Ich will euch einen Vorschlag machen.

Rapper Rudi: Also, was für einen Vorschlag wollen Sie uns machen und warum?

Günter Hauch: Mr. Wonder hat hier ein Angebot für einen besonderen Clubabend „Schwäbischer Hip-Hop-Kultur"! Für dieses besondere Happening sucht er verschiedene Nachwuchskünstler, die auf dem Ideen Park auf den Fildern ganz groß rauskommen sollen.

Rapper Richie: Innovation - Hip Hop – schwäbisch, ich versteh immer nur Bahnhof.

Rapper Rudi: Was wollen Sie?

Bill Wonder: Yeah, ich suche für dieses besondere Ereignis, wie schon gesagt, verschiedene Künstler. Boys, was ist heute angesagt: Hip Hop, Breakdance, Freestyle. Yeah, vielleicht habt ihr noch andere Ideen. Come on boys!

Rapper Rudi: Wie? Soviele Leute wollen Sie auf der Bühne? Wir können doch nur rappen.

Rapper Richie: Haben wir jetzt ein Problem?

Rapper Rudi: Offensichtlich!

Rapper Richie: Ja, und jetzt? *(Pause, zögernd)* Ich hätte da eine Idee: Meinst Du, wir könnten die Black Breakers fragen, ob die da mitmachen wollen? Dann wären wir genug ...

Rapper Rudi: *(empört)*... Diese Diskussion ist hiermit von meiner Seite sofort beendet!

Günter Hauch: Ihr bekommt einen Vertrag von Mr. Wonder und kommt groß raus.

Rapper Richie *(interessiert)***:** Wirklich? Sie wollen uns groß rausbringen? Das wäre ja mal fett!

Rapper Rudi: Spinnst du? Wir wollen nicht mit den andern zusammen auftreten.

Rapper Richie: Also nochmal: Wenn wir mit den Black Breakers zusammen auftreten und gewinnen, würden wir alle einen Vertrag mit einer Agentur bekommen und Sie sponsern uns? Ist das so?

Bill Wonder: Ja, das wäre mein Angebot. Together you can make it, yeah!

Rapper Richie: Mensch, Rudi, das ist doch hammergeil, wir kommen groß 'raus.

Rapper Rudi: Meinst Du das wirklich?
Rapper Richie: Ja, und endlich raus aus dem Kiez hier. Stell Dir vor: Red Reppers go to USA.

Rapper Rudi: Stimmt, das klingt geil.

Bill Wonder: Das ist Eure Chance. Wollt Ihr oder wollt Ihr nicht? *(Hält die Hand auf. Die beiden Jungen gucken sich an und schlagen ein.)*

Bill Wonder: Ich wusste es doch, da geht noch was!

Rapper Rudi und Richie: Natürlich, da geht noch was!

Rapper Rudi: Ich frage aber nicht die Black Breakers.

Rapper Richie: Klar, das kann ich machen. Ich... ich... ich geh gleich mal... *(Beide gehen ab.)*

(Die Kulturagenten packen ihr Zeug zusammen und prosten sich zu ihrem Erfolg zu.)

Licht auf Stammtischbrüder

Wirt Willi: Hallo Dimi, jetzt schau noch mal, ob die Gäste noch was zum Trinken haben wollen.

Kellner Dimitri: Ja Cheffe wird sofort gemacht! *(etwas verpennt und nicht ganz auf der Höhe)*

Stammtischbruder Walter *(staunend)***:** Jetzt guck mal an. Haste das gesehen und gehört?

Stammtischbruder Helmut: Das gibt´s doch gar nicht!

Stammtischbruder Siegfried: Da guck na.

Stammtischbruder Walter: Diese Lümmel auf der großen Bühne, da oben bei Stuttgart, nee, das hältst nicht im Kopf aus!

Stammtischbruder Helmut: Eben haben sie noch die Straße vermüllt, und morgen sind sie die Superstars.

Stammtischbruder Walter: Ich glaub ich bin im falschen Film!

Stammtischbruder Siegfried: Gibt´s was in der Glotze?

Stammtischbrüder Helmut und Walter: Schnauze, Siggi!

Wirt Willi: Boah, das war eine richtig klasse Vorstellung. Das gönne ich denen, hoffentlich klappt das mit ihnen zusammen.

Kellner Dimitri: Warum denn nicht, die sind ja noch jung und werden sich bei dem Ziel zusammenraufen. Da bin ich mir hundert Prozent sicher.

Dritte Szene: Verständigung zwischen den beiden Gruppen

Vor dem Vorhang

Rapper Richie *(geht zu Breaker Burak)*: Hallo!

Breaker Burak: Was willst du denn hier?

Rapper Richie: Ball flach halten! Ich komme in friedlicher Absicht!

Breaker Burak *(skeptisch)*: Was willst du?

Rapper Richie: Es geht um ´ne ganz große Nummer!

Breaker Burak: Na, da bin ich ja mal gespannt.

Rapper Richie: Also, hör mal zu, das war so. Rudi und ich saßen in der Uhland-Klause, haben da gemütlich ein Bierchen getrunken, als uns da so schwäbische Bruddler vom Stammtisch von der Seite angemacht haben. So von wegen: Jugend schafft nix, kann nix, is nix. Da ha´m wir die mal kurz abgecheckt und ganz cool gekontert. Ob sie wüssten, wer Ludwig Uhland gewesen sei. Da ha´m wir denen mal kurz ein Gedicht von Uhland vorgerappt. Du hättest mal deren Visagen sehen sollen. Na ja, und wie es der Zufall so will, saßen an einem anderen Tisch so zwei Kulturagenten, die ganz begeistert waren. Der eine kam dann auf uns zu und hat uns folgendes Angebot unterbreitet: Er sucht für eine Show ´ne Gruppe von Leuten, die Hip Hop, Breakdance und Freestyle machen.

Breaker Burak *(verduzt)*: Ja und, was hat das mit uns zu tun?!

Rapper Richie: Bist du doof, Mann. Lass mich doch nicht so lange zappeln. Ihr sollt mit uns da mitmachen!

Breaker Burak: Du willst mich verarschen!

Rapper Richie: Nö, eben nicht. Aber wir wollen groß rauskommen und brauchen euch dafür.

Breaker Burak: Du willst mich jetzt echt nicht verarschen?

Rapper Richie: Nein, will ich nicht!

Breaker Burak: Was sagen denn die anderen Red Rappers dazu?

Rapper Richie: Waffenstillstand!

Breaker Burak: Gut! Wenn du es wirklich ernst meinst, dann rede ich mit den anderen.

Rapper Richie: Gut, dann kommt einfach heute abend in den Hinterhof. Wir trainieren da! *(geht ab)*

Breaker Burak: Okay, bis dann.

Vierte Szene: Training im Hinterhof

1. Training mit Warming up, Liegestütze, Kraftübungen, choreographisch dargestellt
(Musik eingeblendet von Snap „I got the power" oder Cher „Strong enough")

2. Miesepeter –Sätze :
„Das klappt nie."
„Ich wusste es ja gleich..."
„Mit denen klappt das nicht."
„Ich kann das nicht..."

3. Eingeblendete Träume *(Bilder über Projektor auf Leinwand)*:
Haus und Schwimmbad
Reise
Auto
Star sein
Coole Kleidung
Träumerei Sätze:
„Davon habe ich schon immer geträumt."
„Einmal zusammen mit Robbie Williams auftreten."

Begleitchor:
„Geld verdienen – Richtig Geld verdienen"

Fünfte Szene: Der Clubabend

Alle auf der Bühne - Clubauftritt bei der Show: „The Future Is Yours"

Günther Hauch: Willkommen zu der Show „The Future Is Yours".

Bill Wonder: Hello, may name is Bill Wonder. Yeah. Und das ist mein fantastischer Kollege Günter Hauch.

Günther Hauch: Wir präsentieren Ihnen heute Abend schwäbischen Hip Hop …

Bill Wonder: … vom Fensten, extra für Sie ausgesucht …

Günther Hauch: … unter anderem mit Breakdance und Hip Hop Dance und anderen Stars.

Bill Wonder: Und wir beginnen mit den fantastischen Kick Girls. Ein großer Applaus für die Kick Girls!

Auftritt Tanzformation „Kick Girls" der Schülerinnen

Günther Hauch: Das waren die fantastischen Kick Girls. Weiter geht es mit der besten Jongleurtruppe. Begrüßen Sie mit mir die Juggling Devils!

Auftritt der Jongleure

Bill Wonder: Und jetzt aufgepasst! Wir präsentieren Ihnen „Dance of Life" mit den Black Breakers.

Auftritt Breakdancer

Günther Hauch: Als nächster kommt Richie, er ist Rapper aus Leidenschaft. Jetzt startet er seine Solokarriere mit dem Song „Über den Wolken".

Gesangssolo „Über den Wolken"

Bill Wonder *(applaudiert)*: Ihr seid alle engagiert. Ihr seid alle eingeladen in die U.S.A.. – Zum Abschluss haben wir noch einen Abschiedssong „Power to All Our Friends".

Alle singen "Power to All Our Friends"

RAP eingeschoben in Chorgesang:
Am Anfang haben wir uns sehr gefreut.
Am zweiten Tag haben wir es schon bereut.
Wir haben alle sehr gelacht
und manchmal auch nachgedacht.
Da geht noch was – das ist unser Stück.
Die Freundschaft hier ist unser Glück.

Applausordnung

ENDE

Geld verdienen

"Danke Schön" Musik: Bert Kaempfert, © 1963 by Tonika Musikverlag Kaempfert-Schacht OHG

Das Leitungsteam

Friedhilde Trüün, geboren 1961, studierte Kirchenmusik in Herford, Stimmbildung und Gesang bei Prof. Kurt Hofbauer in Wien. Während ihrer Berufstätigkeit als Kantorin und Gesangspädagogin widmete sie sich intensiv der stimmlichen Arbeit mit Kindern und Jugendlichen, so dass sich dieser Bereich zu ihrem Spezialgebiet entwickelte. Sie ist Autorin von Kinderstimmbildungsbüchern Sing Sang Song I und II und der DVD „Sing Sang Song" für den Kindergarten- und Grundschulbereich. Diese Publikationen erhielten den Deutschen Musikeditionspreis "Best Edition" 2010 in der Kategorie "Schul- und Unterrichtsliteratur für Kinder". Ausgezeichnet wurden beide Bücher und die DVD.

Als Dozentin war Trüün an der Landesakademie Ochsenhausen in der Fort- und Weiterausbildung tätig. Auf dem Gebiet der Vokalpädagogik im Kinderstimmenbereich arbeitet sie heute als Lehrbeauftragte an der Musikhochschule in Trossingen und an der Hochschule für Kirchenmusik in Tübingen. Weiter ist sie bundesweit als Dozentin bei Seminaren und Initiativen wie die dm-Initiative „Singende Kindergärten" involviert.

Johannes Jacobsen, geboren 1960, Dipl.-Pädagoge und Psychodramatiker, arbeitet als Berater und Therapeut in der Erwachsenenbildung. Seine Schwerpunkte sind Jungenpädagogik, Männerberatung, Supervision, Fortbildung und Anti Gewalt Trainings. Jacobsen wirkte mehrere Jahre in den Berufsfeldern Interkulturelle Gemeinwesenarbeit, Sozialberatung, Jugendberufshilfe und Schulsozial- pädagogik. Darüber hinaus unterstützte er in den letzten Jahren diverse Musikprojekte mit Kinder und Jugendlichen durch theaterpädagogische Elemente.